EN TI CONFÍO

UN TESTIMONIO DE FE

Francisca Santana Cuevas

Editorial Amor En Cristo

Amor en Cristo

En TI Confío – Un Testimonio De Fe

Diseño de Portada: Kiana Beijleveld
kiana.beijleveld@gmail.com
Impresión: KDP
Publicado por: Editorial Amor en Cristo
Países Bajos
Contacto: +31647404216
www.ministerioamorencristo.com

ISBN: 9789082800425

EN TI
CONFIO

De: _______________________

Para: _______________________

Dedicatoria

Agradecimientos

1 Corintios 1:4
Gracias doy a mi Dios siempre por vosotros, por la gracia de Dios que os fue dada en Cristo Jesús;

Dedico este libro a mi Padre Celestial, a Jesucristo mi salvador y redentor y al Espíritu Santo.

A mi esposo Anko quién ha sido mi gran apoyo para poder escribir todas mis experiencias y ordenarlo en este libro.

A mis hijas Ana, Kiana, Liana, Chantal, Keily y Kimberly por todo el amor. ¡Besos!

A mi pastor Antonio Perez y su esposa Nery. Gracias por sus oraciones y consejos.

A todos mis hermanos y hermanas de Amor en Cristo. A mis suegros Nico y Lia por todo el apoyo a mi y mis hijas. A mi padres Domingo y Maria de los Santos a todos mis hermanos y hermanas, quienes siempre tengo en mi corazón.

A mi abuela la pastora Arciana, que en paz descansa. Gracias por tus oraciones.

Una dedicatoria especial por mis hermanos que ya no están aquí, Nancy Milagros; mi hermana pequeña y Mingai.

PRÓLOGO
Por Pastor Antonio Perez

En la vida uno tiene el privilegio de conocer personas que marcan positivamente y que nos son de inspiración.

Conocimos a Anko y a Francisca en una circunstancia que podemos decir que fue por la providencia de Dios.

Ellos estaban de visita en República Dominicana, y nuestra iglesia realizaba un evento al aire libre, en el cual asistieron.

La madre de Francisca en esos momentos estaba enferma.

Cuando Francisca y su esposo Anko llegaron a la actividad se acercaron a un joven y ella le dijo que querían que dieran un culto en la casa de su madre, pero el joven le dijo que no podía atenderla en ese momento.

Al ver mi esposa Nery que ella estaba hablando con él se le acercó y le pregunto que si ella necesitaba algo. La hermana Francisca y su esposo Anko se identificaron mútuamente con mi esposa y seguido ella le dijo que era la esposa del Pastor que había organizado la actividad en el sector de Los Rosales, lugar donde nos encontrábamos en ese momento. Después, Francisca le insiste que ella quería que lleven un culto al hogar de su madre porque no estaba bien de salud. Mi esposa le dijo: Claro que sí.

¿Cuando usted quiere que lo llevemos? Ella le dijo el día. En esa misma semana llevamos el culto una tarde en el cual asistieron algunas hermanas de la iglesia, parte de su familia y nosotros los pastores.
Allí el Señor se glorificó de una manera extraordinaria. Desde en ese momento Dios nos unió y respaldó la relación entre nosotros y Francisca, Anko y su familia.
A partir de allí decidieron que fuéramos sus pastores, pues ellos no se estaban congregando frecuentemente. Les dimos seguimiento vía internet con estudio bíblico y consejería.
Pasando un tiempo volvieron a R.D ya con un conocimiento más amplio de la palabra.
Yo vi en ellos el llamado pastoral, el cual Dios les había puesto ese sentir a ellos también. En ese viaje el Espíritu Santo lo confirmó y en la iglesia los ungimos como pastores. Regresaron luego a España y comenzaron a trabajar en una pequeña obra, que luego en muy poco tiempo se convirtió en una iglesia. Trabajando árduamente con Francisca, su esposo Anko y sus preciosas hijas entregándolo todo por amor a Cristo y a las almas de ese lugar. Ellos sustentaban económicamente la iglesia con el sueldo que el pastor Anko tenía.
Al poco tiempo de iniciar la obra pasaron por situaciones muy difíciles económicamente, pues perdieron la empresa que tenían. Muy desolador, dado que era la entrada económica que sostenía la obra y la familia.
Había momentos que la hermana Francisca me

llamaba y me decía; Pastor ya no aguantamos más, no tenemos nada ni siquiera para comer después de tenerlo todo. Recuerdo que le decía "Cuando Dios llama al ministerio permite que nos pasen cosas para llevarnos al nivel que Él quiere".

Pasaron momentos difíciles, pero Dios nunca los dejó hasta el día de hoy.

Francisca junto a su esposo y la iglesia no desmayaron, siguieron trabajando y hoy ya tienen tres iglesias: TODO PARA LA GLORIA DE DIOS.

Francisca es una pastora muy dada al ministerio, le gusta ayudar a todo el necesitado. Todo lo dan por Amor a Cristo. De ese amor incondicional nace el ponerle el nombre a la iglesia; AMOR EN CRISTO. Ellos son parte del sostenimiento económico de nuestro ministerio en R.D. Esta familia tiene unas características especiales: el "AMOR" y la "PERSEVERANCIA".

En Dios, tanto mi esposa Nery como yo, pastor Antonio, nos sentimos muy privilegiados de tener líderes como ellos.

Pastor Antonio Pérez

DIOS LES BENDIGA
Iglesias Vision Biblica Misionera.
República Dominicana.
Pastores: Antonio Pérez
Licda Nery Suriel de Perez.
Presidente y Vice-Presidente.

Contenido

Introducción

Durante años he caminado con la idea de escribir un libro para compartir lo que Dios ha hecho en mi vida. Viendo el sufrimiento y las dificultades de muchos cristianos en los lugares que Dios me ha llevado he llegado a la conclusión que todos pasamos por procesos complicados.

Lamentablemente hay muchos hombres y mujeres que se quedan en este proceso. Hay quienes no pueden más y deciden tirar la toalla apartarse del camino de Dios. Otros se vuelven agrios y rebeldes, a consecuencia, nunca será lo mismo.

Pero he experimentada en persona que Dios siempre tiene una salida a tu situación.
Con este libro quiero compartir mis experiencias que a mi me han hecho libre. Durante años he sido una "cristiana de la secreta". Estaba en la iglesia, vestía mi falda, pero todavía no tenía nada. Aún tenía que llegar la verdadera transformación a mi vida.

A través de este proceso me he dado cuenta de que estamos en un campo de batalla espiritual y que es nuestro deber como cristianos de compartir nuestros testimonios.

No soy una teóloga, y aún me falta por aprender muchas cosas, porque nunca llegamos a formarnos completamente.
Pero sí, puedo hablar lo que Dios ha hecho en mi y compartir las palabras que me han hecha una mujer de Dios.

Salmos 22:22
Anunciaré tu nombre a mis hermanos;
En medio de la congregación te alabaré.

Si JESÚS siempre anunciare tu nombre. Siempre te alabaré por todo lo que has hecho en mí.

Salmos 66:16
Venid, oíd todos los que teméis a Dios,
Y contaré lo que ha hecho a mi alma.

Señor te pido en el nombre de tu amado hijo Jesucristo que este libro te alaba y te exalta en todo momento y que sea de bendición para todo aquel que lo lea. Amén.

Capitulo 1
¿Confías en mí?

Es difícil encontrarte metido en un lodo cenagoso de lo cual no pareces poder salir. De repente no hay nadie a tu alrededor. Cuando estás mal y en crisis la gente se aleja de ti, y prefieren no darte la mano porque nadie se quiere manchar.

Durante muchos años he sentido que no valgo mucho. Me he sentido menospreciada, me he sentido fea, estúpida. Algo que siempre me ha querido alejar de ser feliz. En muchos momentos he incluso llegado a pensar que eso de la felicidad no existía para mí.

Pero ahora parecía que todo se empezaba a unir en contra. Después de unos años de crecimiento mi esposo estaba perdiendo más y más con su empresa. Vi el sufrimiento en su cara, pero no podía ayudar. Me sentía bastante inútil. Con el anhelo de ayudar a mi esposo, había intentado jugar lotería. Aunque por dentro sentía que jugar lotería va en contra de Dios, muchas personas cerca me animaban a jugar.

Buscaba dinero prestado para poder hacer la compra

e intentaba ganar en la lotería para liberar algo de carga a mi esposo.

Pero nada parecía funcionar y en lugar de ayudar estaba aún con más deudas y problemas. Yo esperaba que la empresa pronto se iba a recuperar y prometí devolver el dinero que había recibido prestado. Pero no llegó. La empresa iba de camino a la quiebra.

¿Como podía ser posible que yo, una mujer cristiana, tenía que pasar por todo esto?

No era fácil. Empezaba a dudar de Dios, empezaba a dudar de la gente, empezaba a dudar de mí misma. Me encontré en un torbellino que me estaba ahogando.

Allí sentada en la cama una voz me decía.

"No vales nada, solo eres una carga, nadie te quiere..."

No entiendo cómo, pero llegué a coger una cuchilla Gillette y allí estaba en la cama. Mi esposo estaba en el salón y yo estaba peleando entre la vida y la muerte en el dormitorio.
Algo me forzó a tomar el móvil y llamar a mi esposo.

El respondió y yo solo le dije no quiero seguir más, quiero morir...

En este momento puse la cuchilla en la muñeca, la introducía en las venas. No quería, pero mi mano iba sin que yo pudiera controlarme. En este mismo instante entraron mi esposo y mi hija mayor gritando en la habitación. No soltaba la cuchilla, Anko tomó mi mano con mucha fuerza y Ana consiguió arrebatarme la cuchilla, y de la muerte...

Abatida me quedé acostada, Anko y Ana temblando en la cama me dieron un calmante, me dormí inmediatamente.

El día después me desperté un poco somnolienta.

Me di cuenta de que fui salvada de la muerte, pero los problemas no se resolvieron y no sabía qué hacer. Con todo esto mi esposo tampoco podía más. Muchas veces estaba de pie en el balcón mirando abajo con la mirada y los pensamientos perdidos. Aunque le llamaba no escuchaba, estaba atrapado en los problemas. Me preocupaba, pero no vi una forma de ayudarle.

Parece que, al final, nuestra vida se reducía al estado

financiero, todo dependía de eso, el resto no importaba. Me veía como una carga que arrastraba la familia, me sentía que no podía salir.

Tenía vergüenza de andar por la calle, no tenía ganas de arreglarme, no me sentía bien conmigo misma. El teléfono sonaba y sonaba, pero ya no quería cogerlo, no quería hablar con nadie porque rara vez era alguien con ganas de ayudar. Sólo gente pidiendo que le devolvieron algún dinero prestado o algo parecido. A veces sentía que era el mismo Satanás (que el Señor lo reprenda) que estaba llamando sólo para decirme una y otra vez que soy una inútil y una basura.

Yo quería buscar más dinero a terceras personas para ayudar, buscaba más maneras de poder salir de este problema.

Pero todo eran soluciones mundanas, deudas para intentar resolver deudas. No era capaz de ver mis problemas desde un punto de vista espiritual.

Cuando intentaba mirar lo espiritual miraba a los hombres y no a Dios. La mayoría de "cristianos" nos dejaban de lado, los pastores ya se habían olvidado de nosotros. Porque nadie me llamaba, porque ninguna hermana se preocupaba de preguntar cómo me encontraba.

No me daba cuenta de que mi búsqueda de levantarme se había convertido en una lucha de quejas y quejas sin ninguna solución.

¿Pero dónde estaba DIOS?

Él no estaba donde yo le buscaba.
Dios se estaba llenando de polvo esperando a hablar conmigo. Dios estaba esperando mi llamada, estaba esperando que yo pusiera delante de Él mis luchas, mis quejas, mis problemas, y mis dolores, quería que le dejase mis cargas.

Pocos días después de haber intentado quitarme la vida estaba otra vez dando vueltas en mi mente. "Dios dónde estás?, ¿Dios dónde estás?", empecé a decirlo en mi mente, pero empezaba a decirlo con mi boca "Dios dónde estás?", "Dios dónde estás?", "Dios dónde estás?" ...cada vez más fuerte hasta llegue a tal punto que con gran voz gritaba;

"Dios dónde estás? ¡Si quieres que te siga
¡¡¡ayúdame!!!"

Gritaba tan fuerte que toda la energía salía de mi

cuerpo. Pero no había nada. Silencio. Nada en absoluto.

Me puse en pie y aunque no percibía nada apreciaba un alivio y empezaba a cocinar, volvía a hacer mis tareas, cosa que ya hace semanas, no quería ni hacer... De repente de la nada escuche una voz que me dijo **"Confía en mí"**. No era una voz cualquiera era una voz tan fuerte, dulce, seria, tan celestial que me llegaba a mi alma. No era una voz en mi mente, era real sentía el soplo en mi cara cuando me lo decía "Confía en mí". Esa gran voz era Cristo diciéndome **"Confía en mi"**. A la que no valía nada, la que era menos que una basura...

Lágrimas me caían de alegría, de gozo me llenaba. ¡¡Mi Cristo me ha hablado!! Empecé a cantar un coro con palabras que parecían venir del Espíritu Santo. De repente recibí tanta energía, fuerza y gozo que realmente pude sentir a Dios transformándome de la cabeza hasta los pies. Yo era una mujer sin confianza, que se sentía menospreciada, pero de repente estaba confiada que Jesús iba a resolverlo todo. De sentirme fea me sentía como una piedra preciosa.

Llorando de gozo llamé a mi esposo Anko y le dije: "Él me escuchó llorando y me dijo "¿que pasa?, ¿que pasa?", seguramente pensando lo peor. Yo le dije; "Dios me ha hablado y me ha dicho - Confía en mí". Me ha hablado con voz audible y me ha regalado esta canción:

Empecé a cantar:
En Ti confío, en Ti confío
Mi precioso Salvador
En Ti confío, en Ti confío
Tu eres mi gran Redentor
Cuando te clamo tu escucha mi clamor,
En Ti confío, En Ti confío mi precioso Salvador

Nunca había estado tan emocionada, tan alegre y confiada. De estar en una depresión que parecía no tener salida Dios me sanó.

Sentí la presencia de Dios, sentí que era real y buscaba la Biblia que hace mucho ya no leía. Buscaba en Juan y Dios me llevó a un versículo que ya había marcado hace muchos años-. Juan 14:1 que dice:
"No se turbe vuestro corazón; creéis en Dios,
creed también en mí."
Seguramente estás pasando también por un momento de grandes dificultades, pero yo te digo; No te turbe tu corazón, no te preocupes. ¡Cristo te ama y te ayudará!

Cuando Él me dijo Confía en mí encontré descanso.
El es quién te da descanso. No hay nada ni nadie
quien te puede dar ese sosiego y respiro que necesitas
en tu vida.

Pon tu cabeza en sus pies y verás lo que Dios
realizará en ti.

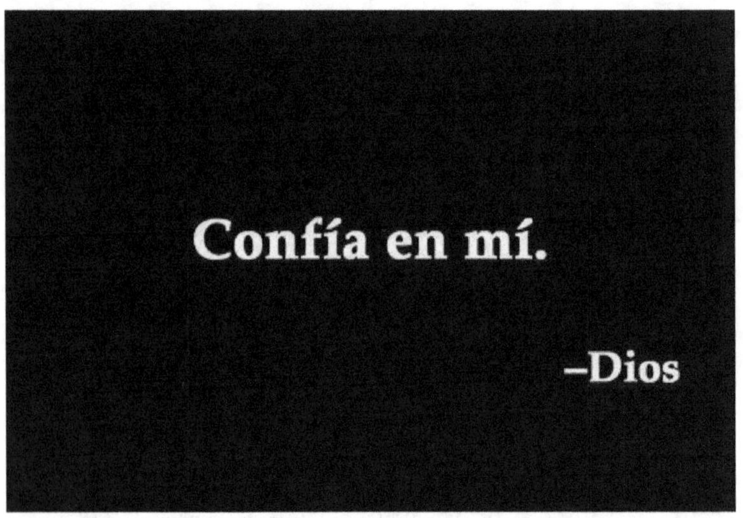

Capitulo 2
Ordena tu casa

Que alegría cuando Dios empieza hablarte a ti y a tu familia. Vi que Dios no solo me cambio a mí, asimismo mi esposo empezó a cambiar. A pesar de que los problemas seguían allí mismo presente. Igual que estaban el día anterior.

Aún estaba en el lodo, pero empecé a entender que no deberíamos estar allí. Pero cuando intentaba ponerme de pie me di cuenta de que aún estaba cubierta con un jarabe caducado.

Intentaba levantarme, pero no tenía la fuerza. Sólo veía basura, problemas, y complicaciones.
Quería confiar, pero todavía no veía ninguna salida. Nadie acercándose, ninguna luz, ninguna buena noticia.

Cuando estás en una situación de desesperación ya no puedes ver con claridad. Sólo ves las bolsas de basura amontonándose día tras día.

Una pequeña noticia buena parecía venir acompañada de tres problemas que aplastaba con tal fuerza la alegría que ya ni me acordaba.

Cuando estás en el suelo es muy difícil volver a empezar. Como un boxeador cae en el suelo sabe que levantarse significa volver a recibir golpes, sin embargo, también que si te quedas abajo ya no hay esperanza.

Me tenía que levantar, pero ¿cómo? Me costaba mucho recuperar y volver a intentarlo. ¿Dónde empiezo, qué puedo hacer?

En 2 Reyes 20:1 encontramos con el rey Ezequías enfermó de muerte. La palabra dice lo siguiente

> *"En aquellos días Ezequías cayó enfermo de muerte. Y vino a él el profeta Isaías hijo de Amoz, y le dijo: Jehová dice así: Ordena tu casa, porque morirás, y no vivirás. "*

Ordena tu casa… porque morirás y no vivirás. Esta palabra me penetraba como una espada de doble filo. Sentía que entraba en mi mente, en todos mis problemas, en mi familia, en mis pensamientos más oscuros, en mi dolor, en mi odio, en mi enfermedad. Esto era Dios hablando a mi vida. Me estaba muriendo y no con la esperanza de recuperarme. Mi vida espiritual se había enfriado tanto que ya no podía ni alumbrar un armario pequeño.

Mi casa era yo. La mujer sabia edifica su casa. Tenía que ordenar mi vida. Volver a las bases de Dios, volver a la roca que es Cristo. Volver a confiar de verdad, de corazón.

En los siguientes versículos podemos ver la reacción del rey.

2 Reyes 20:2
Entonces él volvió su rostro a la pared, y oró a Jehová.

Entendía que debería volver a la pared en señal de total entrega a Dios. Tenía que hacerme dependiente de Él de verdad, con total sinceridad de corazón.

Antes de ponerme en pie debería ponerme a sus pies. Allí abajo, sólo con Dios, podía ordenar mi vida espiritual.

Sin Dios no hay capacidad para ordenar la casa. Sin Dios no hay escoba, ni recogedor, ni agua para limpiar.

Ezequiel oró:

Te ruego, oh Jehová, te ruego que hagas memoria de que he andado delante de ti en

verdad y con íntegro corazón, y que he hecho las cosas que te agradan. Y lloró Ezequías con gran lloro.

Dios escuchó su oración y a través del profeta Isaías le mandó a decir:

"Así dice Jehová, el Dios de David tu padre: Yo he oído tu oración, y he visto tus lágrimas; he aquí que yo te sano; al tercer día subirás a la casa de Jehová.

⁶ y añadiré a tus días quince años, y te libraré a ti y a esta ciudad de mano del rey de Asiria; y ampararé esta ciudad por amor a mí mismo, y por amor a David mi siervo."

¡Gloria a Dios! Con la humillación empieza la restauración. Jesús se ha humillado por nosotros para restaurar nuestra vida.

Ya entendía que mi vida tenía que ser diferente a partir de ahora. La solución estaba en mis rodillas, en la oración continua.

¡Empieza hoy mismo a ordenar tu vida!

Capitulo 3
Constantes en oración

Mis primeras oraciones eran de 5 minutos, de decir perdóname Dios y pedir pedir y pedir. Pero pronto el Espíritu Santo empezó a guiarme mucho más. Dios mismo me enseñó a orar sin cesar. Ya no era yo pidiendo, era el Espíritu Santo con gemidos indecibles intercediendo por mí y mi vida.

Dios me enseño que recuperarme no era algo que podía hacer con mi esfuerzo. Los problemas no se iban resolver buscando soluciones humanas.

En el momento que Dios me empezó hablar estaba más lejos que cerca de Él. Pero me di cuenta de que Dios me tenía que llevar por un proceso para poder hacer una transformación en mí. Mi confianza ya no podía estar en lo material, mi confianza tenía que estar en Él.

En los años anteriores yo era una cristiana que no me agradaba leer la biblia y mi vida de oración era más superficial que otra cosa.

Lo que el Señor empezó cambiar en mi fue la oración, y por la oración me llegó el amor y hambre de su palabra.

Romanos 12:12
Gozosos en la esperanza; sufridos en la tribulación; constantes en la oración;

¡Constantes en la oración! Eso es lo que Dios pide en tu vida así como Dios pidió a la mía.

Claro que aún no se habían esfumado las deudas. Evidentemente aún seguían las luchas, y encima estaba a punto de perder el apartamento donde vivíamos. Vivíamos sufridos, pero también tenía la esperanza que todo iba a obrar para bien.

No paraba de cantar y realmente sentí y sigo sintiendo lo que significa estar gozosos en la esperanza.

El dormitorio ya nunca volvió ser el mismo. El dormitorio se transformó en mi cuarto de oración o como me gusta decir "mi cuarto de guerra".

Allí a solas con Dios era el lugar dónde yo podía dedicar a Dios constancia en la oración.
Samuel dice:

Dejar la oración es pecado, es alejarte de Dios y de sus propósitos en tu vida. Yo estaba cerca de la muerte espiritual y física, pero Jesucristo me rescató cuando realmente me entregué a Él en cuerpo y alma.

Desde el día que he escuchado la voz de Dios sé que permanece conmigo. Antes me preocupaba más por la forma en que orar, que podía decir, que no podía decir, que podía pedir. Me di cuenta de que era el Espíritu Santo quien me guiaba y moldeaba en la oración.

El apóstol Pablo nos lo explica muy bien:

Así que no te preocupe tanto como orar, solo hazlo y verás los resultados en tu vida espiritual.

Mis momentos a solas con Dios iban de minutos a horas. El tiempo no existe para Dios y así es cuando estás entrando en Su presencia. Cuando el tiempo para, Jesucristo empieza a trabajar en tu vida y realmente puedes sentir como te sana.

Durante años me había sentido fea e inútil. Me miraba al espejo y me veía gorda y sólo podía ver defectos. Estaba incómoda porque leer en voz alta me costaba y me daba vergüenza.

Pero en las oraciones Jesús empezó a cambiar todo esto. Con cada hora de oración mi autoestima subía. No sé cómo pasó, pero más y más gente empezaban a decirme que estaba bonita o guapa como dicen aquí en España. Ya no sólo mi esposo, sino además amigas, familiares, hermanos, pastores, etc.

Me preguntaban: "¿Has bajado de peso, has cambiado de peinado, tienes ropa nueva...?". Mi respuesta solo podía ser uno:

"Ahora confío en Jesús".

La confianza que Jesús me dió se empezaba a reflejar en mí. A causa de las oraciones empecé a tener hambre de leer la palabra y de repente tenía la confianza para poder leer en voz alta.

¡Constantes en la oración! No es un par de días muy animada y después dejarlo, no, constancia significa que tenemos que tener la oración como comer, beber, respirar y bañarse. Es parte de tu vida. Dejar de orar es dejar de vivir, es alejarte de Dios.

Jesús da una parábola en Lucas 18 para hacernos entender la necesidad de orar siempre, y no desmayar. El ejemplo de la viuda que pidió justicia al juez injusto.

Aunque el juez no quiso dar lo que ella pedía, sabía que la viuda iba a seguir viniendo sin desmayar. Así que le hizo la justicia que la viuda pidió.

Si un juez injusto hará algo así, Dios sin falta cumplirá si sus hijos le claman día y noche.

Lucas 18:7
¿Y acaso Dios no hará justicia a sus escogidos, que claman a él día y noche? ¿Se tardará en responderles?
8 Os digo que pronto les hará justicia

Capitulo 4
Mujer virtuosa

Todos los problemas también tienen un impacto en la familia. Tanto mi matrimonio como nuestras hijas sufrieron. Era difícil para las niñas ver a sus padres luchar. Ver el sufrimiento de su madre y no poder ayudar. Sentir una perpetua tensión en la casa.

La opresión demoníaca no se ve, pero si se siente. El ambiente se pone caldeado como si el aire se ha convertido en cemento.

Entendí que para levantar la familia yo tenía que ser una mujer fuerte. No podía ser ya una mujer de doble ánimo. Tenía que trabajar desde la sombra para levantar mi matrimonio, levantar mis hijas, y levantar el ministerio de Dios.

No iba a ser fácil, pero me sujeté el Proverbio 31:10-31, que es el elogio de la mujer virtuosa.

10 Mujer virtuosa, ¿quién la hallará?
Porque su estima sobrepasa largamente a la
de las piedras preciosas.

¿Como yo podía convertirme en una mujer virtuosa? ¿Realmente era posible ser estimada tanto que sobrepasa el valor de las piedras preciosas?

Comencé a poner los versículos de este capítulo en práctica. La mujer virtuosa se convirtió en una guía para restaurar y levantar a mi familia. Dios me enseñó que siguiendo sus consejos Él iba a trabajar en mi esposo y en mis hijas.

Como Jesús trabajó en mi vida así también podía trabajar en mi esposo. Como madre mi responsabilidad era también ser un ejemplo para mis hijas.

De los versículos de este libro está en particular se ha convertido en mi forma de ver la vida.

Proverbios 31:25
Fuerza y honor son su vestidura;
Y se ríe de lo por venir.

Antes me faltaba la fuerza, no tenía honor porque me faltaba el Espíritu Santo en mí, y vivía asustada y preocupada por lo por venir. Dios me hizo ver que tenía que ponerme en pie y cambiar drásticamente. Ahora sí estaba preparada para recibir una nueva

vestidura. Una vestidura que me permitía tener la
fuerza para pelear por mi familia y el ministerio. Una
vestidura que me confirmaba el honor que Dios da a
su hija.

Sabía que los problemas no se iban a solucionar de la
noche a la mañana y que seguramente nos iban a
llegar obstáculos que aún no podía imaginar.
Pero ésta vestidura de FE del Espíritu Santo me daba
la capacidad para reír de lo por venir.

Sigo vestida con la vestidura hoy mismo. Y tengo que
admitir que he vivido momentos en lo cual no podía
reírme de la situación que me encontraba. Pero
gracias al Consolador siempre he salido en victoria.

Como dice el coro;
   Hay victoria, Hay victoria
  Hay victoria en la sangre de Jesús
  No podrá el enemigo dañar a nuestras almas
   Hay victoria, Hay victoria
  Hay victoria en la sangre de Jesús

Tu también puede ser una vencedora en el nombre
de Jesús.

Sólo tienes que cambiar y ponerte la vestidura de Fuerza y Honor que te puede dar Jesús. Entrega tu vida a Él y deja que te quita la vestidura vieja para vestirte con la nueva.

Pido a Dios que más mujeres pueden tomar el ejemplo de este Proverbio y asimismo que más hombres empiecen a valorar a las mujeres como son.

¡Piedras preciosas!

Capitulo 5
Levantar mi matrimonio

Para que Dios podía bendecir a mi marido él tenía
que confiar plenamente en Dios y en mí como
esposa. Esto significaba que él no debería
preocuparse por la casa, ni por las finanzas ni nada en
particular.

Para que el corazón de mi marido pudiera estar
conmigo teníamos que ser dos corazones en uno. La
paz y la alegría tenía que volver a la casa.

Cómo enseña el proverbio de la mujer virtuosa, esto significaba trabajar en todo el hogar. Mi esposo no debería estar preocupado por la comida, ni nada de esto. Yo sabía que Dios no iba a dejar sus hijos mendigar pan, así que puse mi confianza completamente en Dios.

Mi actitud cambiaba de depresiva a positiva y de triste a gozosa y animada. Yo estaba confiada en Jehová.

Si mi esposo llegaba a casa preocupado porque no había nada en casa, encontraba la mesa puesta.
Un día a mi nevera ni se abría, ya ni el aire quería estar dentro. Asimismo, poseía un congelador que ya

estaba desconectado desde hace más de un año porque no teníamos nada para congelar. Pero cuando lo abría, lo veía lleno. Como dice la palabra

Hebreos 11:1
Es, pues, la fe la certeza de lo que se espera, la convicción de lo que no se ve.

De esta manera vi la nevera llena de verdura, de carne, de leche, y refrescos. ¡Para Dios no hay nada imposible!

Ya mi estómago estaba fortaleciéndose en el ayuno y cuando menos esperaba me llamaron por teléfono. "¿Hola, estás en casa? Te queremos traer algo." Yo dije; "sí estoy, pueden pasar cuando quieran."

Pocos minutos después tocaron la puerta y entraron dos hombres, hermanos de la iglesia, con carne, refrescos, verduras congeladas, leche y embutidos. Habían cerrado el bar de uno de ellos, y tenían que sacarlo todo.

Pero lo bueno fue que Dios los llevó a mi casa.

Cuando mi esposo llegó a casa se sorprendió de todo lo que había en la nevera. ¡Hasta el congelador estaba encendido y lleno!

Delante de mí, la preocupación cayó de él como una hoja cae de un árbol. Es como si Jesucristo tomó toda la carga que llevaba encima. Desde este momento el empezó a dejar toda la administración del hogar en mí. Se cumplía la palabra del proverbio (31:11) y desde entonces puedo decir que el corazón de mi marido está confiado en mí.

Le hable de la oración, y de la fe y de todo lo que Dios empezó hacer en mí y en la casa. En algunos momentos él pensaba que me había vuelto loca, que ya me había vuelta una fanática de Cristo. Pero lo que Cristo hizo en mí no me convirtió en fanática, me convirtió en una apasionada por Dios.

En principio él pensaba que el cambio que Jesús estaba haciendo en mi era temporal, pero pronto se daba cuenta que esta transformación era real.
¡Esto fue el inicio para empezar a luchar juntos por la

familia, porque dos es mejor que uno!

Eclesiastés 4:9-11
9 Mejores son dos que uno; porque tienen mejor paga de su trabajo.
10 Porque si cayeren, el uno levantará a su compañero; ¡pero !!ay del solo! que cuando cayere, no habrá segundo que lo levante.
11 También si dos durmieren juntos, se calentarán mutuamente; mas ¿cómo se calentará uno solo?

Mi esposo no estaba acostumbrado a luchar de rodillas. Para él los problemas se resolvían trabajando, peleando, luchando y sudando. El siempre quería resolver las cosas por su cuenta. Pero viéndome a mí en oración una hora, dos horas y más, él acabó uniéndose a la oración.

Empezábamos a interceder por nuestras hijas, por el ministerio pastoral, por la familia, por la economía. Nos empezamos a aferrar de las promesas que están en la palabra de Dios.

Deuteronomio 28:1
"Acontecerá que, si oyeres atentamente la voz de

Jehová tu Dios, para guardar y poner por obra todos sus mandamientos que yo te prescribo hoy, también Jehová tu Dios te exaltará sobre todas las naciones de la tierra.".

Si estás leyendo en este momento este libro te invito a escuchar la voz de Dios. Sólo dedícate un momento para entrar en Su presencia. El Padre Celestial te está esperando con los brazos abiertos. Ponte de rodillas, cierra tus ojos y ora:

Padre Celestial
En el nombre de tu hijo amado Jesús de Nazaret
Quiero pedirte perdón por mis pecados, por las veces que me he alejado de TI.
Me he dado cuenta de que te necesito Señor.
¡Te necesito!
Heme aquí Señor, enséñame a confiar sólo en ti.
Necesito oír su voz, a poner sus mandamientos por obra, a estar en tu presencia.
Ayuda a mi esposo, mis hijos, y mi familia.
Te amo Señor. Heme aquí...
Amén.

Capitulo 6
Recibe la corrección

En mi vida siempre he querido resolver los problemas por mi cuenta. ¿Para que escuchar el consejo de alguien si tú misma puedes arreglártelas?

Durante mucho tiempo pensé que así podría vivir mi vida. Aún cuando acepté a Cristo en mi vida seguía haciendo las cosas a mi manera. Me funcionó bastante bien durante un tiempo. Pero cuando llegaron los problemas y los obstáculos me di cuenta de que me hacía falta consejo. Mi vida financiera era un desastre.

Éramos una familia que había gastado mucho durante mucho tiempo. Miraba todo que había hecho y gastado, y me dolía el corazón. Si en ese momento hiciera caso a los consejos, no hubiera tocado fondo en esta manera.

Dios nunca llega tarde...

Mi viaje a Santo Domingo en Noviembre 2014, cuando ya había salido un poco de los problemas era el momento de aprender cómo administrar mi vida.

Cuando llegué a la casa de mi pastor Antonio Perez recibí primeramente la corrección y después el consejo.

Dios le usó para enseñarme ser una buena administradora. Como una cristiana y más una familia pastoral debe tener orden en su vida. Me enseñó a usar una libreta para controlar mis gastos. De saber a dónde iba a destinar el dinero bajo el orden de Dios.

- Primero, Dios: Aparta su diezmo para el Señor y verás que él pone orden en todo lo demás.
- Segundo, la casa: Asegura siempre tener para pagar la vivienda, los recibos y también apartar el dinero de los alimentos de la casa (el hogar).
- Tercero, la familia: Aparta lo necesario para apoyar al bienestar de sus hijos y padres. Porque Él Honra los padres tendrá una vida larga.
- Cuarto, la reserva: Empieza apartar un dinero por tener seguridad en el día malo.
- Quinto, el ministerio: Destino un dinero para invertir en el ministerio del Dios.

Una mujer sabia que edifica su casa en base de los consejos y corrección de Dios. Ahora me doy cuenta de que Dios permitió mi caída, para levantarme como una mujer nueva. Para transformar mis pensamientos y guardar el consejo de Jehová.

Proverbios 19:20-21
Escucha el consejo, y recibe la corrección, Para que seas sabio en tu vejez. Muchos pensamientos hay en el corazón del hombre; Mas el consejo de Jehová permanecerá.

Y en Hebreos 12:5-7 nos dice:
5 y habéis ya olvidado la exhortación que como a hijos se os dirige, diciendo: Hijo mío, no menosprecies la disciplina del Señor, Ni desmayes cuando eres reprendido por él; 6 Porque el Señor al que ama, disciplina, Y azota a todo el que recibe por hijo. 7 Si soportáis la disciplina, Dios os trata como a hijos; porque ¿qué hijo es aquel a quien el padre no disciplina?

Así te pido que escuchen el consejo y recibe la corrección. Recuerda que Dios puede usar a cualquiera para aconsejarte. No menosprecies a tus padres, pastores, maestros, amigos y por encima de toda la palabra de Dios.

Capitulo 7
Liberación en la familia

Mi esposo y yo tenemos 6 hijas maravillosas. Unas mellizas de 9 años, una niña de preciosa de 12 años, una adolescente de 18 años y dos que ya han entrado en la vida de adulto, de 22 y 23 años.

Cuando estas fortalecida en el Señor, el enemigo busca la forma de destruirte, de enfriarte. El busca atacar en la economía, en la salud, en el trabajo, en la iglesia, pero el lugar que más éxito consigue es en la familia.

1 Juan 4:4
4 Hijitos, vosotros sois de Dios, y los habéis vencido; porque mayor es el que está en vosotros, que el que está en el mundo.

El enemigo no ataca una familia que está unida. El siempre busca al miembro más débil, al que está algo fuera del nido para atacar cuando aún está solo. El diablo, que el Señor Jesús le reprenda, sabe que si la familia está dividida él puede conseguir sus objetivos destructivos.

1 Corintios 1:10
Os ruego, pues, hermanos, por el nombre de nuestro Señor Jesucristo, que habléis todos una misma cosa, y que no haya entre vosotros divisiones, sino que estéis perfectamente unidos en una misma mente y en un mismo parecer.

El mundo está lleno de distracciones y tentaciones y el enemigo siempre va buscando la forma de poner división en la familia atacando a los jóvenes.

Por eso el Apóstol Pablo da este consejo a Timoteo y todos los jóvenes en general.

2 Timoteo 2:22
Huye también de las pasiones juveniles, y sigue la justicia, la fe, el amor y la paz, con los que de corazón limpio invocan al Señor.

Hace unos años una de mis hijas mayores se estaba enfriando del Evangelio. No podía alabar al Señor, no podía cantar, sus pensamientos estaban en otro lugar. Cuando llegan las pasiones juveniles es difícil mantenerte concentrada en Dios.

A veces no es fácil corregir a los hijos, más cuando ya son adolescente o mayor (por ley) de edad. Pero no es razón de no detener la corrección a tus hijos.

La palabra lo dice muy claro en este versículo:

Proverbios 13:24
El que detiene el castigo, a su hijo aborrece;
Mas el que lo ama, desde temprano lo corrige.

Como madre, solamente quiere lo mejor para sus retoños. Y por eso yo, viendo lo que estaba pasando con mi hija, tenía el deber de corregir y castigar.

Había un chico usado por un demonio de destrucción. Su único objetivo era sacar a mi hija del hogar y de la iglesia. Un día en casa tuvimos una discusión sobre este chico y ella muy enfadada salió de la casa tirando la puerta tras sí.

Yo me puso muy nerviosa y estaba cerca de derrumbarme. Porque uno puede ser pastora y puede estar firme en Dios, pero hay momentos en la vida que te sacan toda la energía. En un instante que sólo podía pensar lo peor. Me pasaba muchas cosas por la cabeza y hasta me quería culparme de ser mala madre. Pero es así como trabaja el enemigo. Cuando crees que estás ganando la batalla empieza con su ataque acusador. Este es lo que hace este sucio,

acusarte día y noche. Hacerte sentirte mal, ponerte a
dudar.

Gracias a Dios una hermana de la iglesia vino a mi
casa. Ella fue enviada de parte del mismo Señor para
ayudarme. Sus palabras y consejos me ayudaron a
calmar. Ella había pasado momentos iguales como
madre y esto me hizo reflexionar. Me preparo un té
de manzanilla y oró por mí y mi hija. Allí se cumplió
la palabra que dice;

Gálatas 6:2
Sobrellevad los unos las cargas de los otros, y cumplid así la ley de Cristo.

Mi hija ya estaba en la estación del tren a punto de
salir del pueblo. Mi otra hija llegó a alcanzarla y
cuando estaba con ella llamó a mi esposo que estaba
en el trabajo. En lugarr de decir que por favor vuelva
a casa, él dijo que se vaya donde quiera y que no tiene
que volver. Claro que él no quería esto, estaba
llorando en su trabajo, pero tenía que ser firme.

Pero Dios estaba allí y en este instante ella razonó y
decidió volver a casa. Cuando por la noche todo se
tranquilizó decidí reunir todas mis hijas y levantar
una oración.

A todas nos costó bastante entrar en la presencia de Dios. Cuando cada uno estaba orando en silencio la más pequeña de entonces apenas 6 años cogió de la mano a mi hija y empezaba a gritar "Suéltala ya, suéltala en el nombre de Jesús". Nos impresionábamos con la voz de esta niña tan pequeña. No parecía ella.

Su voz parecía de una mujer y no de una niña. Ella estaba haciendo una liberación a su hermana mayor.

Perseveró gritando con fuerza, aunque mi hija no abría la boca. Ni para decir amén, ni para nada.

Todas empezábamos a clamar la sangre de Cristo hasta que de repente después que la niña clamó una y otra vez; ¡Suéltala ya, suéltala en el nombre de Jesús!, mi hija dió un grito de liberación. Las cadenas se habían roto y el demonio salió de ella.

La pequeña quedó orando en el sofá y estaba muy agotada, pero este día hemos experimentado cómo Dios usa hasta las más pequeñas de la casa para liberar a sus hijos de las garras del enemigo.

Mateo 21:15-16

15 Pero los principales sacerdotes y los escribas, viendo las maravillas que hacía, y a los muchachos aclamando en el templo y diciendo: !!Hosanna al Hijo de David! se indignaron, 16 y le dijeron: ¿Oyes lo que éstos dicen? Y Jesús les dijo: Sí; ¿nunca leísteis: De la boca de los niños y de los que maman Perfeccionaste la alabanza?

Se que todas mis hijas tienen un llamado especial para Dios. Y te digo que tienes que declarar esto sobre tus hijos. Siempre recuerda de lo que Dios tiene para tus hijos es algo maravilloso, es el reino de Dios.

Lucas 18:16

Mas Jesús, llamándolos, dijo: Dejad a los niños venir a mí, y no se lo impidáis; porque de los tales es el reino de Dios.

Capitulo 8
Saca Penina de tu vida

Siempre pensaba que Penina era una mujer mala y peligrosa. Cuando se predicaba sobre el primer capítulo de 1 de Samuel siempre Penina ha sido la mala de la película.

Hace un tiempo volví a leer este capítulo, me llegó mi madre en mis pensamientos. Me di cuenta de que a veces personas hablaban de ella como en la palabra ponen a Penina.

Mucha gente piensa que no es nada del otro mundo que una mujer con hijos tiene que compartir su esposo con otra mujer. Que se separen y ya.

¿Pero si tú quieres luchar por tu esposo? ¿Si no quieres compartirlo con otra mujer? ¿Si ha sido tu esposo desde los 13 años?

La vida no es tan fácil si ves que todo por lo cual has luchado se cae a pedazos por causa de otra mujer en el escenario.

1 Samuel 1: 6-7
*Y su rival la irritaba, enojándola y
entristeciéndola, porque Jehová no le había
concedido tener hijos.*

*Así hacía cada año; cuando subía a la casa de
Jehová, la irritaba así; por lo cual Ana lloraba, y
no comía.*

Cuando volví a leer estos versos me acordé de mi
madre. En los años que ha luchado por mí y mis
hermanos y hermanas. Por los años que ha luchado
por mi padre, su esposo.

Durante gran parte ella gastó sus fuerzas, pero sin
ningún resultado.

Ana derramó sus lágrimas en el altar de Dios
mientras Penina buscaba soluciones en la carne para
conseguir lo suyo.

Todas nosotras tenemos una Penina en nuestra vida.
Yo tenía una Penina en mi vida. También he tenido
muchos años luchando con mis fuerzas. He tenido
momentos que solamente podía quejarme.
Me trataba mal a mí misma y también a los que
estaban cerca de mí.

Si no pones tu vida en manos de Dios en dónde
puedes hallar el perfecto amor sólo te estás
castigando a ti misma.

1 Juan 4:18
**En el amor no hay temor, sino que el perfecto
amor echa fuera el temor; porque el temor lleva
en sí castigo. De donde el que teme, no ha sido
perfeccionado en el amor.**

La vida se convierte en dolor, amargura y lo peor es
que nadie se da cuenta, la que estás sufriendo eres tú.

Nadie se daba cuenta que la amargura de Penina, era
el resultado de su sufrimiento. Estaba con temor de
perder a su esposo y su vida.

El mismo temor que también Ana tenía, pero ella
entregó su temor y sufrimiento a Dios. Derramó sus
lágrimas al altar y clamó a él.

Como mi madre y yo, tu también has luchado
demasiado tiempo. Saca ya Penina de tu vida,
empieza a derramar lágrimas en el altar.

Entrega tu temor a Jesucristo, quién es el perfecto
amor y por Él todo temor se nos va.

Oración

Padre celestial, heme aquí.

He luchado durante años y ya no puedo más.

No tengo las fuerzas para luchar.

Entrego mi temor a ti Jesú.

Sácame a Penina de mi vida,

sácame toda la amargura.

Quítame todo dolor y aflicción,

ya no lucharé más con mis manos,

entregare mis luchas a ti.

En TI confío mi Jesús.

Descansaré en TI Señor,

Amén.

Capitulo 9
Satanás envía sicarios

1 Juan 3:8
El que practica el pecado es del diablo; porque el diablo peca desde el principio. Para esto apareció el Hijo de Dios, para deshacer las obras del diablo.

Cuando más entregada estás a Cristo más te aumenta el número de enemigos.

Era un sábado por la noche como muchos otros. Ya mi esposo y yo nos íbamos a la cama sabiendo que nos esperaba una jornada de ministración. Mi esposo estaba invitado predicar en la iglesia Cristo es la Solución del pastor Rafael Ortiz y a mí me tocaba predicar en la iglesia local.

Ya era pasado las doce de la noche y nada más entrar en la cama mi esposo ya estaba durmiendo. Yo intentaba dormir también. Estaba cansada y sabía que el día después había que estar en pie de guerra. Abrazaba a mi esposo y cerraba mis ojos en un intento de caer en sueño profundo. Pero nada. Me daba la vuelta pensando en el día del domingo, pero no estaba preocupada de nada. Estaba bien y realmente solo me hacía falta dormir.

Otra vuelta más. Y otra. No había manera... miraba el reloj y vi que ya era la dos de la noche y yo más despierta que nunca. Sabía que algo me estaba inquietando, aunque no sabía qué realmente.

Decidí hacer lo único posible. Levantarme, y ponerme de rodillas para orar. Empezaba a orar en silencio, no queriendo despertar a mi esposo. En principio eran palabras nada más, pidiendo perdón a Dios por si había fallado en algo. Pidiendo a Dios que me aclare porque estaba tan despierta.

Estaba más preocupada del porqué no podía dormir que el propósito de Dios. Pero después de un tiempo ya perdí la noción del tiempo. Ya me olvidé del reloj, del dormitorio y de todos mis pensamientos.

Mi oración se convirtió en una adoración en lengua. Estaba en adorando a Dios y no pidiendo nada. Estando a solas sentía la presencia del Espíritu Santo intercediendo con gemidos indecibles. La oración de un cristiano llega a un nivel, pero cuando entregas tu oración al Espíritu Santo él lo lleva al Tercer Cielo.

No sé cómo, pero cuando mi esposo se levantó a las

siete de la mañana aún estaba orando. Sentía el sol entrando por la ventana y me di cuenta de que había estado en oración unas 5 horas. Me puse en pie y decidí dormir una hora. Dormí en seguida y a las ocho y media mi esposo me despertó. Me levanté de la cama como alguien que había dormida durante 24 horas. *¡Renovada!*

Me sentí fuerte y confiada en Jesucristo que pasa lo pasa Él iba estar presente.

Anko me dejó en la iglesia y él se fue con un hermano a la iglesia donde estaba invitado. Al entrar en la iglesia había 3 hombres ya sentado. Pero había una sombra oscura muy densa sobre ellos.

Normalmente saludo a los que ya han llegado a la iglesia, pero Dios me llevó directamente al altar. De rodillas empezaba orar y reprender a Satanás y sus demonios. Estos hombres no estaban en la iglesia en busca de Cristo.

Otros hermanos y hermanas podían sentir lo mismo y empezaban a interceder por la iglesia, y por mí. Esa mañana me tocaba predicar, pero hasta que no llegó el momento de ir al púlpito Dios me dejó de rodilla.

Dios me dio una palabra y durante la predicación el Espíritu Santo me guió directamente hacia los hombres. Me baje del altar con un paso firme. Ellos estaban sentados atrás y tenían la intención de hacer un desorden.

Cuando estaba delante de ellos les dije:
"Me puedes tocar, me puedes matar, pero no puedes tocar mi alma, porque estoy cubierta con la sangre de Jesús. El Señor dice mía es la venganza. Así que haga lo que has venido qué hacer, y si no vaya a donde has venido".

Los hombres se quedaron quietos, pero sus rostros se pusieron pálidos, como que hubieran visto un fantasma.

Después del culto aún se quedaron un rato, pero ya no tenían la fuerza con la cual habían entrado antes. Querían hablar conmigo y hable con ellos acompañado por mi tío y mi sobrina quienes sentían desde el principio que estos hombres no estaban allí para buscar a Cristo. Eran hombres que amenazan y hasta matan por dinero. ¡Sicarios enviados por el mismo Satanás que el Señor Jesucristo le reprenda!

Uno se quería convertir en el acusador, acusándome

de cosas que supuestamente había hecho en el mundo. Hablaba mentira sobre mentira, pero Dios es tan grande que siempre envía a personas para defendernos y dejar el enemigo en ridículo. Asimismo, usó a mi tío y mi sobrina para destrozar toda la mentira. No tenían nada que hacer y salieron de la iglesia para no volver jamás.

Recuerda que siempre pueden llegar acusadores. Cualquier cosa usará el enemigo para atacarte, y siempre con su mejor arma, la mentira.

Por esto es muy importante que siempre tenemos que estar preparada para poder resistir en el día del ataque. El día malo.

Efesios 6:13
Por tanto, tomad toda la armadura de Dios, para que podáis resistir en el día malo, y habiendo acabado todo, estar firmes.

Si hoy has leído esto te pido que no quedas en tu cama cuando no puedes dormir. Aunque nada te preocupe, aunque no sabes que tienes que pedir en tu oración. El Espíritu Santo interceda por ti. Recuerda que tu no sabes las maquinaciones del enemigo.

1 Pedro 5:8
Sed sobrios, y velad; porque vuestro adversario

Dios nos da un aviso. Tenemos que estar en pie de guerra siempre. Si estamos flojos en la oración el enemigo nos puede devorar. Así que siempre debemos estar velando.

Colosenses 4:2
Perseverad en la oración, velando en ella con acción de gracias;

Capitulo 10
Embarazada de doble unción

Cuando Dios te transforma las luchas en tu vida irán en aumento. Es muy extraño porque esperamos que todo debería ir a mejor. **¡Y es así!**

Aunque tienes luchas en tu vida no significa que tu vida va mal. Es parte de tu crecimiento espiritual.

Estar de parto es muy doloroso, pero la recompensa es muy grande. Durante los nueve meses de un embarazo experimentas cambios en tu cuerpo, en tu humor, en tus sentidos. Todo se transforma y hay momentos en el cual no puedes más. Hay momentos que ya no aguantas el aumento de peso, que los pies te hinchan, que ya no puedes caminar como antes, que te sofocas...

Cuando me convertí a Jesucristo no tenía en mente tener más hijos. Ya tenía 4 hijas preciosas y ya hoy en día esto es una familia grande. ¡Pero Dios tiene el control!

En un momento muy difícil en mi vida, cuando mi hermana pequeña estaba sufriendo de leucemia, me quedé embarazada. Me sentía fuerte y confiada que

podía llevar el embarazo. Ya que no era el primero.
Al principio, con aún pocos meses de embarazo
visité el médico. Me dijo el médico; "te han dicho
que tienes"? No, respondí, ya sé que estoy
embarazada. El médico respondió "¿Te han dicho
que son dos?" ¿Cómo? "¿Si, te han dicho que son
dos?"

Me quedé en silencio, no sabía qué hacer. Con
lágrimas por la calle llamé a mi esposo. Le dije
"Estoy embarazada de mellizas".
Mi esposo respondió "Gloria Dios, que bien, son dos
regalos de Dios."
De repente sentí alivio. Claro que si, como me voy
asustar por un embarazo.
Llegué al hospital para decírselo a mi hermana y ella
con lágrimas en los ojos me pidió que a una le ponga
el nombre de Milagros como ella se llama, Nancy
Milagros.

Me mentalizaba que ese embarazo era diferente a los
demás. ¡Dios sabía por qué! Toda mi vida tenía que
cambiar.

Ha sido un período que nunca olvidaré, que me ha
marcado para siempre.

Pero este proceso terminó con dos princesas preciosas, una doble porción. Gracias a estas princesas he podido aguantar el dolor de perder a mi hermana (que en paz descansa).

Aquí Dios me ha enseñado que a veces tenemos que pasar un proceso de obstáculos grandes. De romper con los límites que nosotros mismos nos ponemos. Tenemos que saber que él siempre nos da la fuerza y más cuando venimos a él cansado.

Isaías 40:29
Él da esfuerzo al cansado, y multiplica las fuerzas al que no tiene ningunas.

¡Dedicada a mi hermana Nancy Milagros! Descanse en paz mi preciosa hermanita.

Capitulo 11
¿Una mujer pastora?

Cuando fui llamada como pastora sabía que no iba ser un ministerio sencillo. Porque si pensamos ligeramente del ministerio pastoral es que no estamos preparados.

Mi abuela fue pastora en la República Dominicana en el pueblo de Postrer Río y nunca había oído si alguien se oponía a su ministerio.

Cuando inicié en el ministerio podía esperar que la gente me iba decir que no estaba preparada, o que no tenía los suficientes títulos para ejercer el ministerio pastoral. Lograba entender que algunas personas no eran capaces de aceptar una mujer ejerciendo el ministerio pastoral.

Pero lo que fue duro ha sido recibir insultos en las redes sociales, rechazos de hermanos cristianos, y en especial un menosprecio hacia la mujer en general.

He tenido momentos cuando quería dudar del ministerio. En especial cuando insultaban a mi esposo por tener una esposa pastora. Como que por causa del ministerio él en la casa estaba debajo de mí.

Gracias a Dios que el Señor siempre tiene una palabra de aliento cuando nos sentimos rechazados.

Lucas 10:16
El que a vosotros oye, a mí me oye; y el que a vosotros desecha, a mí me desecha; y el que me desecha a mí, desecha al que me envió.

Cuando daba mis primeros pasos en el ministerio las pruebas empezaban a ir en aumento. Demonios del pasado me querían hacer la vida imposible. En la iglesia se levantó un espíritu de rebeldía y división que causó que una parte de la iglesia nos abandone.

En un momento me sentía tan sola que ya no sabía qué hacer. Levanté mis manos y pregunté a Dios "¿Que es lo que estoy haciendo mal? por favor ayúdame, corrígeme".

Aún con las lágrimas bajando sobre el rostro, Jesús me habló de nuevo. La misma voz que me dijo "Confía en mi" me volvió a hablar. Me dijo "Solo sígueme a mí".
Estas palabras penetraban tanto que podía sentir cómo mis pies se afirmaban, como mis dudas

salieron volando de mi mente al instante.

Desde aquel momento no he dado un paso atrás. Soy pastora, porque Dios me ha llamado. Soy pastora, y también soy humana. Sé que cometeré errores, que nunca puedo aprender lo suficiente. Se que tendré mis momentos de debilidad, pero se que lo más importante que puedo hacer es seguir a Cristo en todo momento.

Salmos 118:8
8 Mejor es confiar en Jehová
Que confiar en el hombre.

Lo que más me ha cogido de sorpresa es que en muchas ocasiones las mujeres son más tercas que los hombres con relación al ministerio pastoral de mujeres. Parece que cuesta más recibir la corrección de Dios si viene de parte de una mujer que de un hombre.

El ministerio de la mujer es uno de los más discutidos en las iglesias, pero sorprendente hoy en día se discute más que hace 50 años.

Aunque se han escrito muchos estudios sobre este tema he querido dedicar este capítulo a la defensa del ministerio pastoral. Quiero animar a las hermanas en

Cristo de seguir firme en el ministerio a lo cual Dios te ha llamado.

Cada uno es libre de pensar lo que quiera sobre este tema, pero pido al pueblo de Dios que mantenga el respeto y la decencia de opinar con Amor y Sabiduría en todo momento.

¿Porque rechazan el ministerio pastoral de la mujer?

Lo mayoría se basan en estos 4 versos en la palabra de Dios:

1 Timoteo 2:10-12

10 sino con buenas obras, como corresponde a mujeres que profesan piedad.

11 La mujer aprenda en silencio, con toda sujeción.

12 Porque no permito a la mujer enseñar, ni ejercer dominio sobre el hombre, sino estar en silencio.

Y

1 Corintios 14:34-35

34 vuestras mujeres callen en las congregaciones; porque no les es permitido hablar, sino que estén sujetas, como también la ley lo dice.

35 Y si quieren aprender algo, pregunten en casa

a sus maridos; porque es indecoroso que una mujer hable en la congregación.

En sí parecen muy claro estos dos versículos, aunque te hace preguntar porque Jesucristo llevó tantas mujeres en su ministerio y hasta muchas mujeres le apoyaban con finanzas.

Aquí quiero compartir unos puntos importantes en este tema.

Interpretación de la palabra

Los versículos bíblicos mencionados anteriormente parecen sugerir a primera vista que a la mujer no se le permite enseñar en la iglesia y que no se le permite ejercer autoridad sobre el hombre. Pero hay que buscar más.

Cuando se habla de la autoridad del hombre también se habla de la palabra *cabeza*. Lo que muchas veces se olvida es que la palabra "cabeza" indica principalmente dependencia: el hombre y la mujer son juntos un cuerpo y se necesitan mútuamente.

Mi esposo y yo somos uno. No puedo moverme sin su apoyo o permiso, al igual que él no se mueve si mi apoyo y permiso.

En la antigüedad, las mujeres tenían poco que decir y las mujeres estaban separadas de los hombres. Había una situación de mujeres que, dentro de lo que se aceptaba en ese momento, estaban por encima del hombre de una manera poco saludable. Con eso, parecían dominar. Así como los hombres podrían dominar de una manera poco saludable.

Cuando Pablo habla de *ejercer dominio* se aplica a las mujeres que actúan de manera dominante, bajo su propia autoridad y de acuerdo con su propio juicio. A las mujeres no se les permite jugar a ser jefa sobre el hombre o incluso a mandarlo de una manera mandona. Pablo se distancia de eso.

Pablo dice que en estas situaciones específicas la mujer debe ser modesta, no debe ejercer autoridad sobre el hombre permanecer en silencio. Pero eso no significa que tengas que tomar tan literalmente que todas las mujeres deben estar siempre en silencio.

La Biblia muestra en muchos versículos que a las mujeres se les permite hablar como también en ocasiones a los hombres se les prohíbe hablar, como el sacerdote Zacarías.

Ya no hay hombre ni mujer

Gálatas 3:28
28 Ya no hay judío ni griego; no hay esclavo ni libre; no hay varón ni mujer; porque todos vosotros sois uno en Cristo Jesús.

Es un versículo tan claro y directo que creo que deja toda la discusión sobre el ministerio pastoral de la mujer zancado. Negar este versículo es negar a la libertad que hemos recibido por Cristo en la Cruz del Calvario.

La igualdad entre hombres y mujeres debe ser siempre el punto de partida. El hombre y la mujer son por lo tanto iguales en la iglesia, y por lo tanto también en el púlpito.

En este tiempo se han visto muchas mujeres levantarse como evangelistas y pastoras. ¿Por qué? ¡Porque Dios necesita obreros! Hombres y mujeres que trabajan para su reino. Y si los hombres se niegan, Dios llama las mujeres.

Los dones del Espíritu Santo son para todo el cuerpo de Cristo

Los dones del Espíritu, incluida la enseñanza y la
profecía (véase 1 Corintios 12), se conceden tanto a
las mujeres como a los hombres. No hay ninguna
razón para argumentar que este no es el caso.
Si no se permite a la mujer predicar o enseñar en el
púlpito se está negando al don del Espíritu Santo que
fue dado para el beneficio de toda la congregación.
Gracias a Dios que los pastores donde el Señor me
ha llevado siempre respetan el don del Espíritu Santo
independientemente que sea mujer o hombre.

Desde la venida de Jesús, todos somos profeta,
sacerdote y reyes y reinas conforme al plan de Dios.

Dios quiere usar a las mujeres

Para transmitir su palabra o para guiar o rescatar a su
pueblo Dios también usa las mujeres. Como nos
llenan las historias de Ester, Rut, Miriam o Débora:
Dios usa a las mujeres.
Dejemos de poner límites a Dios. Débora en ningún
momento se ha puesto por encima de Barac, ni Barac
se ha sentido de menos para pedir la ayuda de
Débora.

Si en este tiempo un hombre tan importante
reconoció que Dios usó a Débora, ¿porque hoy en

día nos cuesta tanto aceptar que Dios puede usar a una mujer?

Las mujeres son igualmente capaces de proclamar la Palabra de Dios como hombres.

Así hermana si estas leyendo esto. No pierdas lo que Dios te ha entregado. Sigue firme sin desmayar y trabaja para la obra del Señor.

Hermano, si lees esto. Te pido que apoyes a tu esposa como me han apoyado. Te pido que acepte la corrección independiente si viene de un hombre o una mujer.

Oración para mujeres en el ministerio

*Padre celestial doy las gracias por el ministerio
pastoral que me has entregado.
Ser pastora es lo mejor que me ha pasado.
Me ha dado propósito, alegría y felicidad.
Ayúdame hacer tu voluntad en todo momento.
Ser un instrumento en tus manos.
Ayúdame a ejercer este ministerio con amor y
sabiduría.
Ayúdame ser una esposa ejemplar como la mujer
virtuosa.
Pido para todas las mujeres a quien usted está
llamando.
Que sea Tu mano sobre ellas en todo momento.
Pido por los esposos de mujeres en el ministerio,
que reciben todo el respeto, honor y apoyo
necesario para estar al lado de estas mujeres
Débora.
Gracias Espíritu Santo por los dones derramados
sobre hombres y mujeres de Dios.
Gracias Jesucristo por hacer libre a las mujeres.*

Amén.

Capitulo 12
¿Confías en Dios?

Testimonio Liana

Hace unos años, comencé a sentir miedo de todo, no sé si alguna vez te ha pasado, pero no es una buena sensación. Cuando estaba sola por la calle me ponía a correr porque pensaba que alguien podía seguirme, no podía dormir sola en mi habitación porque sentía que podría pasarme algo y nadie me escucharía, me daba miedo bajar a comprar hasta a la esquina de mi casa, me daban pánico los túneles, cerrar los ojos, la oscuridad, la soledad, que la gente me mirara mucho, ir en transporte público… Todo, absolutamente todo me daba miedo.

¿Por qué a mí? ¿Cómo empezó? ¿Cuándo acabará? Todas esas preguntas pasaban por mi cabeza una y otra vez. Pero nunca encontraba la respuesta, y el miedo estropeo gran parte de mi vida.

Hace cuatro meses me case. Antes de casarme mi esposo y yo estuvimos unos 3 meses arreglando nuestra pequeña casa, nunca había sentido tanta emoción, comprar muebles, decorar todo a nuestro gusto, vivir juntos…estuvimos mucho tiempo ahorrando e invirtiendo tiempo en construir nuestro pequeño hogar.

Pero hace un mes, llegamos a casa una noche y encontramos todos los muebles por el suelo, cosas rotas, todo tirado, ventanas abiertas y objetos de valor desaparecidos…

¡Entrarón a robar!. *No te imaginas cómo lloramos esa noche, como nos enfadamos, como la impotencia y la decepción llegó a nosotros.* Fue como construir nuestro sueño y que de repente alguien nos lo destruyera. En ese momento el miedo que ya tenía aumentó aún más…

Ya no podía dormir, me pasaba las noches llorando, destrozada, temblando, imaginándome cómo alguien podría haber cogido todas nuestras cosas de esa manera, invadiendo nuestra intimidad, sin ninguna compasión.

El miedo me atormentaba, pero en medio de esa oscuridad Dios me habló y solo me hizo una pregunta

¿Confías en mí?

En ese momento, me di cuenta de que aunque con mis palabras decía que Dios era bueno, que Dios era maravilloso, mi interior no confiaba realmente en Él. ¿Cómo iba a confiar en Dios, si todo me daba miedo? ¿No se supone que Dios es mi luz, mi salvación, mi fortaleza…? ¿Cómo puedes caminar con el Rey de reyes y sentirte débil? ¿Cómo puedes caminar con la luz y sentir oscuridad? ¿Cómo puedes caminar con el León de la tribu de Judá y ser un gatito asustado?. **¡Basta!,** en ese momento me levanté y dije ¡Se acabó!

Y lo mismo quiero preguntarte hoy a ti, ¿Confías en Dios? Todo lo que tienes te lo ha dado Jehová, tu casa, tu familia, tus capacidades, tu ministerio. No dejes que el miedo te paralice, avanza, corre hacia la meta, aunque por momentos pueda ser difícil, Dios camina contigo.

Después de ese día, el miedo desapareció. La debilidad se convirtió en fuerza, la oscuridad se convirtió en luz, el gatito se convirtió en una Leona que puede con todo. Y si yo pude, tu también.

Mujer de fe, hoy es tu día. Vence lo que te está atormentando, quizás no es miedo, quizás es soledad, tristeza, aflicción, ansiedad… Sea lo que sea. Dios ha permitido que hoy esté escribiendo esto para ti.

Isaías 41:13
Porque yo Jehová soy tu Dios, quien te sostiene de tu mano derecha, y te dice: No temas, yo te ayudo.

Yo no puedo ayudarte, lo único que puedo hacer es decirte que le des tu mano a Dios, y Él te ayudará como me ayudó a mí. Muchas veces le damos nuestra mano a muchas personas que no nos ayudan, sino que nos paralizan más, pero siempre hay una mano que está dispuesta a levantarte, y esa es la de Dios.

Antes de que acabes de leer esto, cierra tus ojos y siente la mano de Dios sobre ti, diciéndote que te ama y recordándote que eres su hija: UNA MUJER DE FE.

Salmos 56:3
Cuando siento miedo, pongo en ti mi confianza.

Un abrazo fuerte de Liana, gracias por leer esto. ♡

Capitulo 13
Reflexión final

Si has llegado aquí espero que lo que he podido
compartir sea de bendición para tu vida.
He peleado diferentes batallas y estoy segura de que
seguiré teniendo luchas y batallas.
Mi cambio ha llegado cuando Dios me dijo las
palabras *"Confía en Mí"*.

Esto mismo pido también para tu vida, que puedas
conseguir confiar plenamente en Dios. No se tu
situación en este momento, pero una cosa sí sé; Para
Dios no hay nada imposible.

¿Esto significa que ya he llegado a la meta? Qué va, si
hasta Pablo dice en su carta en los Filipenses.

Filipenses 3:13
**Hermanos, yo mismo no pretendo haberlo ya
alcanzado; pero una cosa hago: olvidando
ciertamente lo que queda atrás, y extendiéndome
a lo que está delante,**

¿Entonces yo una sierva de Dios que poco a poco

está aprendiendo todas las maravillas del Señor qué puedo pretender yo? Nada. Solo hacer su voluntad y pedir a Dios que me mantenga firme en su camino.

A mí también me falta un camino largo. Pero si hago y sigo poniendo en práctica lo que nos aconseja Pablo. Olvidando ciertamente lo que queda atrás y extendiéndome a lo que está delante.

No vivo, ni quiero vivir en el pasado. Si he ofendido a alguien en el pasado pido perdón. Y a los que me han ofendido ya estáis hace mucho perdonados.

Te invito vivir el día de hoy y mañana, sabiendo que el único camino es el camino de Dios. Te invito a sentar en los pies de Cristo para recibir lo mejor.

Colosenses 3:15
Y la paz de Dios gobierne en vuestros corazones, a la que asimismo fuisteis llamados en un solo cuerpo; y sed agradecidos.

¡En ti Confío Señor!
Pastora Francisca Santana Cuevas

 https://www.facebook.com/misionerafranciscasantana

 Fuego Pentecostal - Ministerio Amor en Cristo

www.ministerioamorencristo.com